AF313333

Vente du 29 Octobre 1904

(SALLES SILVESTRE)

CATALOGUE

D'UNE

BIBLIOTHÈQUE

COMPOSÉE DE LIVRES RELATIFS

A LA LINGUISTIQUE ET AU FOLK-LORE

ET D'OUVRAGES

SUR LA NORMANDIE

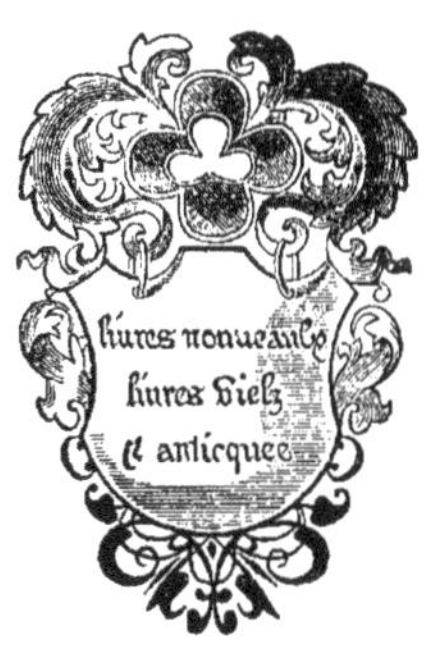

PARIS ·

EM. PAUL ET FILS ET GUILLEMIN

Libraires de la Bibliothèque Nationale

28, RUE DES BONS-ENFANTS, 28

1904

LA VENTE AURA LIEU

Le Samedi 29 Octobre 1904

à huit heures précises du soir

Dans les Salles de Ventes aux Enchères

DE LA LIBRAIRIE ÉM. PAUL ET FILS ET GUILLEMIN

28, rue des Bons-Enfants, 28 (Anciennes Maisons Silvestre et Labitte)

SALLE N° 1

Par le ministère de Me **GEORGES BONNAUD**. Commissaire-Priseur

23, RUE LE PELETIER, 23

Assisté de **MM. ÉM. PAUL ET FILS ET GUILLEMIN**, Libraires-Experts

28, RUE DES BONS-ENFANTS, 28

CONDITIONS DE LA VENTE

La vente se fait expressément au comptant.

Les acquéreurs paieront 10 pour cent en sus des enchères.

Il y aura exposition le jour de la vente, de 2 à 4 heures.

Les livres devront être collationnés dans les vingt-quatre heures de l'adjudication. Passé ce délai ils ne seront repris pour aucune cause.

**Les Libraires chargés de la vente rempliront les commissions
des personnes qui ne pourraient y assister**

CATALOGUE

D'UNE

BIBLIOTHÈQUE

THÉOLOGIE. — SCIENCES ET ARTS

1. Mamotractus (sive Expositio in libros Bibliorum). — Petit in-8 de 206 ff. parchemin.

> MANUSCRIT sur papier du XV⁰ siècle, exécuté par le frère *Pierre de Plazonib' de Savallo*, qui le commença à Venise, le 21 septembre 1486. Il est orné de nombreuses initiales rubriquées.

2. Rationale divinorum officiorum a R. D. Gulielmo Durando concinnatum... *Lugduni, Huguetan, 1605*, 2 tomes en 1 vol. in-8, vélin à recouvr.

3. Resolutorium dubiorum circa celebra‖tionē missarum occurentiū per venera‖bilem patrē dominum Johannem de La‖pide... (A la fin :)... *Impressum Parisius. Anno domini millesimo quingentesimo octavo, expensis honesti viri Dionysii Roce die xxiii aprilis* (1508), in-8, goth. de 40 ff. non ch. dérel.

> Jolie édition avec la marque de Denis Roce sur le titre.
> Mouillure à la partie inférieure des feuillets.

4. Fratris Michaelis Menoti... perpulchra epistolarū quadragesimaliū expositio... declamatarū in... cõventu fratū minorum Parisiésium anno dñi millesimo quingētesimo decimoseptimo... *S. l. n. d. (Paris, Jehan Petit, vers 1520)*, in-8, goth. à 2 col. vélin.

> Edition très rare de ces sermons en latin barbare recherchés à cause des passages vraiment bouffons et même grossiers qu'ils renferment. Elle se compose de 16 ff. prél. non ch. et 221 ff. ch.
> Exemplaire grand de marges (nombreux témoins), mais incomplet du titre.

5. Sermones ‖ quadragesima‖les magistri Joánis Clerec pre‖státissimi patris, ac professoris Pa‖risien p̄clarissimi ordinis p̄dica‖torii. ℂ Ultimæ editiói adjecta ‖ ē passio una cū directorio p̄cipua‖rū sentētiarū certo idice cõtexto. ‖ (A la fin :)... *Impressi Parrhisiis opera Petri Vidouæi, expensis vero Frācisci Regnault. Anno domini 1524. ad cal. Januarias*, in-8, car. ronds, mar. vert, tr. r. *(Rel. anc.)*

> Edition très rare de ce livre curieux comme échantillon du style oratoire des prédicateurs au commencement du XVI⁰ siècle. Elle se compose de 2 ff. prél., 290 ff. de texte et 8 ff. pour l'Index, le tout non chiffré. — Titre rouge et noir dans un joli encadrement gravé sur bois avec la marque de François Regnault.

6. Ars bene moriendi. Reproduction photographique de l'édition xylographique du XVe siècle. Notice par Benjamin Pifteau. *Paris, Delarue, s. d.* in-4, pap. vergé, br.

7. La Kabbale, ou la Philosophie religieuse des Hébreux, par Ad. Franck. *Paris, Hachette*, 1843, in-8, br.

---

8. Cours de Logique (en latin) professé au collège de la Forêt par Robert de Than, recteur de l'Académie de Caen, durant les années 1736 et 1737. — In-4 de 351 pp. v. ant.

> Manuscrit du XVIIIe siècle, exécuté par *Léonor-François Couraye du Parc*, de Granville. Il est orné d'un frontispice et de 15 portraits, gravés par Bonnart, représentant Aristote, Démocrite, Diogène, Empédocle, Platon, Pythagore, Socrate, Descartes, Erasme, Gassendi, Scott, etc.
>
> Robert de Than, né dans le Bessin normand, fut recteur de l'université de Caen, curé de Cheux (Calvados), et mourut en 1764.

9. Bibliothèque de philosophie contemporaine. *Paris, Alcan*, 1894-1897, 3 vol. in-8, br.

> Etudes d'histoire de la philosophie, par Emile Boutroux. — Mythes, cultes et religion, par A. Lang, traduit par Léon Marillier. — Le Bouddha, sa vie, sa doctrine, sa communauté par H. Oldenberg, traduit de l'allemand d'après la seconde édition par A. Foucher.

10. Le Livre de police humaine, contenant briefve descriptiō de plusieurs choses dignes de mémoire: sicōme du gouvernemēt d'ung Royaume, et de toute administratiō de la Republique... Lequel a esté extraict des grãdz et amples volumes de François Patrice... par maistre Gilles d'Aurigny... et nouvellement traduict de latin en frãçois par maistre Jehan le Blond. *Paris, Charles l'Angelié*, 1546, 2 parties en 1 vol. in-8, figure sur bois, demi-rel. mar. brun anc. dos orné, fatig.

> Edition très rare. — Jean Le Blond, sieur de Branville, traducteur de cet ouvrage, naquit à Evreux en 1502. — Grande marque de Charles L'Angelier à la fin de chaque partie.
>
> Mouillure ; le trente-septième f. de la première partie manque.

11. (Faber Stapulensis totius Philosophiæ paraphrases). (En tête du 1er feuillet :) In hoc opere cōtinentur totius Philosophie naturalis ‖ Paraphrases : adjectis ad litterā scholiis ‖ declarate ɀ hoc ordine digeste. ‖ (A la fin :) ¶ *Impressum in alma Parhisiorū achademia per Henricum Stephanum...* 1510, pet. in-fol. goth. fig. géométriques gr. sur bois, v. brun ant. estampé à froid, dérelié.

> Edition rare.
> Exemplaire réglé avec les initiales laissées en blanc peintes en rouge.
> Nombreuses annotations manuscrites de l'époque. — Incomplet du feuillet A 3.

12. Sciences occultes. — Réunion de 5 vol. in-12, v. ant. et vélin.

> De Spectris, lemuribus et magnis.., authore Ludov. Lavatero Tigurino. Editio secunda. *Lugd. Batavorum, Verbiest*, 1659, front. gr. — Recueil de Dissertations anciennes et nouvelles sur les apparitions, les visions et les songes, par M. l'abbé Lenglet Dufresnoy. *Avignon et Paris*, 1751, 2 vol. (*Tome I, première partie et tome II. première partie*). — Les Visions de Dom Francisco de Quevedo Villegas augmentées de l'Enfer réformé, par le sieur de La Geneste. *Rouen*, 1674. — Le Panthéon et Temple des Oracles où préside fortune, par François d'Hervé. *Paris*, 1625, titre-front. et portr. gr. (*Cassure à 2 feuillets*).

13. Architecture, ou Art de bien bastir, de Marc Vitruve Pollion, autheur romain antique, mis de latin en françoys, par Jan Martin. *Paris, Jacques Gazeau*, 1547, in-fol. fig. sur bois, demi-rel. v. brun.

> Edition recherchée pour ses gravures sur bois exécutées par *Jean Goujon*, qui se trouvent ici en premier tirage et une *Dissertation sur l'architecture* par ce même artiste.
> Incomplet du feuillet 78. Légers raccommodages aux marges des ff. 34 et 35. Mouillure.

BELLES-LETTRES

14. Grammaire comparée du grec et du latin. Phonétique et étude des formes grecques et latines, par Othon Riemann et Henri Gœlzer. *Paris, Colin*, 1901, gr. in-8, br.

15. Grammaire des langues romanes, par Frédéric Diez. Troisième édition refondue et augmentée, traduite par Auguste Brachet, Alfred Morel-Fatio et Gaston Paris. *Paris, Vieweg*, 1874-1876, 3 vol. gr. in-8, br.

16. Grammaire des langues romanes par W. Meyer-Lübke. Traduction française par Eugène Rabiet, Auguste et Georges Doutrepont. *Paris, Welter*, 1890-1900, 3 tomes en 6 vol. gr. in-8, br. et débr.

17. Linguistique française. — Réunion de 3 vol. in-8 et in-12, dont un en demi-rel. chag. violet et 2 cart. perc.

La Linguistique, par Abel Hovelacque. *Paris*, 1877. — La Langue et la littérature françaises depuis le IXe siècle jusqu'au XIVe siècle. Textes et glossaire par Karl Bartsch, précédés d'une grammaire de l'ancien français par Adolf Horning. *Paris*, 1887. — De la Création actuelle de mots nouveaux dans la langue française et des lois qui la régissent, par A. Darmesteter. *Paris*, 1877.

18. Lexique de la langue de Molière, publié avec une introduction grammaticale par MM. Arthur et Paul Desfeuilles. *Paris, Hachette*, 1900, 2 vol. in-8, pap. vergé, br.

Tomes XII et XIII du Molière de la *Collection des Grands Ecrivains*.

19. Eugène Rolland : Faune populaire de la France (Noms vulgaires, dictons, proverbes, contes et superstitions). *Paris, Maisonneuve*, 1877-1883, 6 vol. — Flore populaire ou Histoire naturelle des plantes dans leurs rapports avec la linguistique et le folklore. *Paris, Rolland*, 1896-1900, 3 vol. — Ens. 9 vol. in-8, br.

20. Dictionnaire de patois normand, indiquant particulièrement tous les termes de ce patois en usage dans la région centrale de la Normandie, par Henri Moisy. *Caen, Delesques*, 1887, 1 fort vol. gr. in-8 à 2 col. br. — Glossaire de la vallée d'Yères pour servir à l'intelligence du dialecte haut-normand et à l'histoire de la vieille langue française (avec supplément), par A. Delboulle. *Havre, Brenier*, 1876-1877, gr. in-8, cart. bradel, demi-perc. brune, non rog. — Ens. 2 vol.

Envoi autographe de l'auteur, au second volume.

21. Dictionnaire français et celto-breton, par A.-E. Troude. *Brest, Lefournier*, 1843. — N. Quellien. Chansons et danses des Bretons. *Paris, Maisonneuve*, 1889, musique notée. — Histoire de Bretagne, critique des sources par Arthur de Laborderie. I. Les Trois vies anciennes de saint Tudual, texte latin et commentaire historique. *Paris, Champion*, 1887. — Les Derniers Bretons, par E. Souvestre. Tomes III et IV (Poésies de la Bretagne. Industrie, commerce et agriculture). *Paris, Charpentier*, 1836, 2 vol. — Ens. 5 vol. in-8 dont 3 br. et 2 en demi-rel. v. vert.

22. Altdeutsches namenbuch von Ernst Förstemann. Esrter Band. Personennamen. *Bonn, P. Hanstein's Verlag*, 1900, in-4 à 2 col. en fascicules.

Fascicules 1 à 10.

23. P. Virgilii Maronis Opera, emendabat et notulis illustrabat Gilbertus Wakefield. *Londini, impensis Kearsley*, 1796, 2 vol. pet. in-8, mar. r. à long grain, dos orné, fil. dent. comp. à froid. tr. dor. (*Rel. anc.*)

Jolie édition, fort soignée.

24. Les || Œuvres de || Virgile Maron, || traduittes de latin en françois ||, par || Robert et Anthoine le Chevalier d'Agneaux frères. || de Vire en Norman-die. || *Paris, Guillaume Auvray*, 1582, in-4, vélin.

Première édition, très rare, de cette curieuse traduction en vers alexandrins, faite en collaboration par les frères d'Aigneaux, tous deux nés à Vire, et dont l'un était jurisconsulte, l'autre médecin.
Légère mouillure aux deux premiers ff.

25. Les Œuvres de P. Virgile Maron, prince des poètes latins, traduictes... par Rob. et Ant. le Chevalier d'Agneaux, frères. Avec un treziesme livre latin adiousté à l'Eneide par Mapheus, tourné par P. D. Mouchault. *Paris, David Leclerc*, 1607, in-8, demi-rel. chag. bleu, dos orné, tr. dor.

Edition peu commune de la traduction précédente.
Exemplaire court de marges. — Titre doublé et raccommodé ; petites taches à 2 ff.

26. Les Anciens Poètes de la France. Nouvelle série de la Bibliothèque elzevirienne publiée... sous la direction de M. F. Guessard. *Paris, Jannet et Vieweg*, 1848-1870, 10 vol. in-12, pap. vergé, cart. perc. brune, non rog.

Collection complète.
Aliscans. — Aye d'Avignon. Gui de Nanteuil. — Doon de Maience. — Fierabras. Parise la Duchesse. — Gaufrey. — Gaydon. — Gui de Bourgogne. Otinel. Floovant. — Hugues Capet. — Huon de Bordeaux. — Macaire.

27. Poèmes des XIe et XIIe siècles. — Réunion de 6 vol. in-8 et in-12, dont 1 demi-rel. chag. brun, 1 cart. et 4 br.

La Vie de saint Alexis, publiée par Gaston Paris. *Paris*, 1872. — Les Voyages merveilleux de saint Brandan à la recherche du paradis terrestre, publiés par Francisque Michel. *Paris*, 1878. — La Mort de Garin le Loherain, publiée par Edélestand du Méril. *Paris*, 1862. — La Mort Aymeri de Narbonne, chanson de geste, publiée par J. Couraye du Parc. *Paris*, 1884. — Aucassin et Nicolette, chantefable du XIIe siècle, traduite par A. Bida. *Paris*, 1878. — Amis et Amiles und Jourdains de Blaivies. *Erlangen*, 1852.

28. Lais en vers des XIIe et XIIIe siècles. — Réunion de 3 vol. in-8, dont 2 demi-rel. mar. vert et brun et 1 cart. bradel demi-perc. bleue, non rog.

Lais inédits des XIIe et XIIIe siècles, publiés pour la première fois, par Francisque Michel. *Paris*, 1836. — Lai d'Ignaurès, par Renaut, suivi des lais de Melion et du Trot, publiés par Monmerqué et Francisque Michel. *Paris*, 1832. — Le Lai de l'oiselet, publié par Gaston Paris. *Paris*, 1884.

29. Académie royale de Belgique. *Bruxelles*, 1863-1877, 17 vol. gr. in-8, papier vergé, dont 3 demi-cart. bradel perc. r. et brune et 14 br. et débr.

Li Roumans de Cléomadès, par Adenès li Rois. publié par André van Hasselt. 2 vol. — Les Enfances Ogier par Adenès li Rois. publié par Aug. Scheler. — Li Roumans de Berte aus grans piés par Adenès li Rois, publiés par Aug. Scheler. — Bueves de Commarchis, par Adenès li Rois, publié par Aug. Scheler. — Li Ars d'amour, de vertu et de boneurté, par Jehan Le Bel, publié par Jules Petit, 2 vol. — Li Bastars de Buillon, publié par Aug. Scheler. — Œuvres de Georges Chastellain, publiées par le baron Kervyn de Lettenhove, 8 vol. — Dits de Watriquet de Couvin, publiés par Aug. Scheler.

30. Trouvères belges du XIIe au XIVe siècle. Chansons d'amour, jeux-partis, pastourelles, dits et fabliaux, publiés d'après les manuscrits, et annotés par Aug. Scheler. *Bruxelles, Closson*, 1876, gr. in-8, pap. vergé, demi-rel. bas. verte à long grain.

31. Chansons de geste et Romans en vers du XIIIe siècle. — Réunion de 4 vol. in-4 et in-8, dont 1 cart. bradel et 3 br.

Girart de Roussillon, chanson de geste traduite pour la première fois par Paul Meyer. *Paris*, 1884. — Maugis d'Aigremont, chanson de geste, texte publié par Ferdinand Castets

Montpellier, 1893. — Les Enfances Vivien, chanson de geste, publiée par Carl Wahlund et Hugo von Feilitzen: introduction par Alfred Nordfelt. *Paris*, 1895 (*Annotations manuscrites jointes*). — Le Roman de Robert le Diable, publié par G. S. Trébutien. *Paris*, 1837, car. goth. fig. sur bois.

32. Poèmes du XIII⁰ siècle. — Réunion de 7 vol. in-8 dont 1 br. et 6 cart.

Hugues de Lincoln, recueil de ballades anglo-normande et écossaises, relatives au meurtre de cet enfant, commis par les Juifs en MCCLV, publié par Francisque Michel. *Paris*, 1834. — Richars li Biaus. *Wien*, 1874. — Li Livres du gouvernement des Rois. *New-York*, 1899, fac-simile. — Poésies de Marie de France, poète anglo-normand du XIII⁰ siècle, publiées par B. de Roquefort. *Paris*, 1820, 2 vol. — Le Romancier françois. Histoire de quelques anciens trouvères et choix de leurs chansons, le tout nouvellement recueilli par Paulin Paris. *Paris*, 1833. — Philippe de Remi, sire de Beaumanoir (1246-1296). Deuxième partie. Œuvres poétiques. *Paris*, 1873.

33. Recueil général et complet des fabliaux des XIII⁰ et XIV⁰ siècles, imprimés ou inédits publiés d'après les manuscrits par M. Anatole de Montaiglon. *Paris, Librairie des Bibliophiles*, 1872-1883, 5 vol. in-8, pap. vergé, br. et débr.

Tomes I à V.

34. Poèmes des XIV⁰ et XV⁰ siècles. — Réunion de 8 vol. in-4 et in-8, dont 2 en demi-rel. mar. 3 cart., et 3 br.

La Guerre de Metz en 1324, poème publié par E. de Bouteiller. *Paris*, 1875, pl. — Le Psautier de Metz, édition critique publiée d'après 4 manuscrits par F. Bonnardot. Tome Ier. Texte intégral *Paris*, 1884. — L'Advocacie Notre-Dame, ou la Vierge Marie plaidant contre le diable. *Paris*, 1855. — Les Enfances Vivien, chanson de geste publiée par G. Wahlend et H. von Feilitzen. *Paris*, 1886. — L'Evangile aux femmes. *Baltimore*, 1895. — Extraits de plusieurs petits poèmes écrits à la fin du XIV⁰ siècle, par un prieur du Mont Saint-Michel. *Caen*, 1837. — L'An des 7 dames avec annotations et remarques par M. C. Ruelens et Aug. Scheler. *Bruxelles*, 1867. — Le Livre des chants nouveaux de Vaudevire de Jean Le Houx, publié par Armand Gasté. *Rouen*, 1901. (*Exemplaire d'éditeur avec envoi autographe de l'auteur.*)

35. Blasons, poésies anciennes des XV et XVI⁰ˢ siècles, extraites de différents auteurs imprimés et manuscrits, par M. D. M. M⁰⁰⁰ (Dominique Martin Méon). *Paris, Guillemot*, 1809, in-8, demi-rel. mar. brun avec coins, dos orné, tête dor. non rog.

36. Réimpressions figurées de pièces en vers du XVI⁰ siècle, faites par les soins de M. A. Veinant. — Réunion de 6 opuscules in-8 goth. fig. sur bois, br.

Les Ditz et ventes d'amours. (*Tiré à 42 exemplaires. — L'un des 8 sur papier de Chine*) — Le Laz damour divi à VIII psonages (*Tiré à 42 exemplaires. — L'un des 8 sur papier de Chine*). — Les Faicts merveilleux de Virgille. (*Tiré à 42 exemplaires. — L'un des 8 sur papier de Chine*). — Le Cry et proclamation publicque : pour jouer le mistère des Actes des Apostres en la ville de Paris. (*Tiré à 42 exemplaires. — L'un des 4 sur papier de Chine azuré*). — Les Présomptions des femmes. (*Tiré à 42 exemplaires. — L'un des 4 sur papier de Chine rose.*) — Moralité nouvelle très fructueuse, de l'enfant de perdition, qui pendit son père et tua sa mère. (*Tiré à 42 exemplaires. — L'un des 4 sur papier de Chine azuré*).

37. Poètes français des XVI⁰ et XVII⁰ siècles. — Réunion de 5 vol. in-12, v. ou bas. ant.

Les Poésies de Guillaume Crétin. *Paris, Cousteller*, 1723. — Onguent à la brûlure et plusieurs autres pièces contenues en ce livre (par J. Barbier d'Aucour). *S. l. (à la Sphère)*, 1670. — Les Couches de l'Académie, ou poème allégorique et burlesque (par Furetière). *Amsterdam, Desbordes*, 1688, 2 parties en 1 vol. — Les Véritez plaisantes, ou le monde au naturel (attribué à David Ferrand et à Dutuit, avocat au Parlement de Normandie). *Rouen, Maurry (à la Sphère)*, 1702. — Poésies sacrées, traduites ou imitées des Psaumes (par l'abbé Desfontaines Guyot). *Rouen, et se vend à Paris, Mongé*, 1718.

38. Le Séjour des Muses, ou la Cresme des bons vers, tirez du meslange et cabinet des sieurs de Ronsard, Du Perron, Aubigny père et fils, de Malherbe, Lingendes, Motin, Maynard, Théophile et autres bons au-

teurs. *Rouen, Th. Doré*, 1620, in-12, car. ital. v. ant. écaille, dos orné, tr. dor.

PREMIÈRE ÉDITION de ce recueil recherché parce qu'il renferme quelques pièces qui ne sont pas dans les autres collections du même genre.

Exemplaire aux armes de LE FÈVRE DE CAUMARTIN, incomplet du titre. — Raccommodages aux 2 derniers feuillets.

39. Robert Wace : Roman de Rou et des ducs de Normandie. *Heilbronn, Henninger*, 1877-1879, 2 vol. pet. in-8, débr. — La Vie de la vierge Marie, suivie de la Vie de saint George. *Tours, Bousrez*, 1859, in-8, pap. vergé, cart. bradel demi-perc. bleue, non rog. — La Vie de Saint-Nicholas. *Bonn*, 1850, in-8, cart. bradel, demi-perc. r. non rog. — Ens. 4 vol.

40. Tristan. Recueil de ce qui reste des poëmes relatifs à ses aventures, composés en françois, en anglo-normand et en grec dans les XII° et XIII° siècles, publié par Francisque Michel. *Londres, Pichering, Paris, Techener*, 1835-1839, 3 vol. in-12, cart. perc. verte, non rog.

Un des quatre exemplaires sur PAPIER DE COULEUR, imprimé pour M. *Philippe de la Renaudière*.

41. La Chanson d'Antioche composée au commencement du XII° siècle par le pelerin Richard, renouvelée sous le règne de Philippe Auguste par Graindor de Douay, publiée pour la première fois par Paulin Paris. *Paris, Techener*, 1848, 2 vol. in-12, papier de Hollande, demi-rel. chag. vert, tr. peigne.

De la collection des *Romans des douze pairs de France*.

42. Le Roman d'Aquin, ou la Conqueste de la Bretagne par le Roy Charlemagne. Chanson de geste du XII° siècle publiée par F. Joüon des Longrais. *Nantes, Société des Bibliophiles bretons*, 1880, in-8, pap. vergé, fac-simile, demi-rel. mar. r. non rog.

Tiré à petit nombre.
Exemplaire de M. le Comte CHARLES DE LA MONNERAYE.

43. L'Ordène de Chevalerie (poëme de Hues de Tabarie), avec une dissertation sur l'origine de la langue française... (par Barbazan). *Paris, Chaubert et Hérissant*, 1759, in-8, papier vergé, front. de Le Lorain, cart.

44. Discipline de Clergie, traduction de l'ouvrage de Pierre Alphonse. — Le Chastoiement d'un père à son fils, traduction en vers français de l'ouvrage de Pierre Alphonse. — *Paris, Rignoux*, 1824. — Ens. 2 vol. in-12, pap. vergé, demi-rel. mar. vert, non rog.

Publications de la *Société des Bibliophiles français*.

45. Le Roman de la Rose, par Guillaume de Lorris et Jean de Meung. Nouvelle édition, revue et corrigée par Francisque Michel. *Paris, Firmin-Didot*, 1864, 2 vol. in-12, br.

46. Œuvres de Froissart. Poésies, publiées par M. Aug. Scheler. *Bruxelles, Devaux*, 1870-1872, 3 vol. in-8, papier vergé, demi-rel. chag. vert.

47.   LE PAREMENT ↄ TRIUMPHES DES DAMES.
      Est appelé ce plaisant nouveau livre
      Prenez le en gré ainsi que je le livre
      Pour recepvoir salut de corps ↄ dames.

(A la fin :) Cy *finist le parement ↄ triumphe des da||mes dhonneur. Nouvellement imprimé à || Paris par la veufve feu Jehan Trepperel et || Jehan Jehañot demourás en la rue neufve || nostre dame à lenseigne de lescu de France.|| s. d. (vers 1515)*, pet. in-8, goth. fig. sur bois, vélin moderne.

Édition fort rare de cet ouvrage en vers et en prose, composé à la fin du XV° siècle par Olivier de La Marche, revu et publié par Pierre Desrey. Elle se compose de 76 ff. non ch.

(et non 70 comme l'indique à tort Brunet), sign. A-I par 8 et K par 4 ff. et est ornée d'une
figure sur bois, sur le titre et d'une autre au verso du dernier f.
Cet exemplaire est celui sur lequel le libraire Baillieu fit en 1870 la réimpression qu'il
donna de cet ouvrage ; il paraît en outre être celui décrit au catalogue du DUC DE LA VAL-
LIÈRE, car il est très court de marges. — Les ff. H. *iv* et H *v* manquent.

48. ❡ Les Faictz et||dictz de feu de bône memoire maistre || Jehan Molinet
contenans plu||sieurs beaulx traictez, oraisons || et champs (*sic*) royaulx
côme lon || pourra facilemēt trouver || par la table qui sensuyt. || *Nou-*
vellement im||primez a Paris. || *M. D. xxxvii. On les vend à Paris en la rue*
sainct || Jacques a lenseigne des deux cochetz. || (1537), in-8, goth. de 4 ff.
prél. non ch. et 250 ff. ch. titre r. et noir, v. ant.

> Seconde édition, très rare.
> Incomplet des feuillets 89, 127, 141, 157, 158 et 174, remplacés par des ff. blancs. — Le
> premier cahier se détache.

49. Les Œuvres françoises de Joachim Du Bellay, gentilhomme angevin...
Reveues et de nouveau augmentées de plusieurs poésies non encores
auparavant imprimés. *Paris, Fédéric Morel,* 1573, in-8, v. ant. marb.

> PREMIÈRE ÉDITION COLLECTIVE publiée par G. Aubert.
> Piqûres de vers aux premiers feuillets. — Titre doublé.

50. Les Premières Œuvres de Philippes Des Portes. Reveues, corrigées et augmentées outre les précédentes impressions. *Rouen, Raphaël du Petit Val,*
1594, pet. in-12, vélin moderne.

> Édition peu commune, l'une des plus belles et des plus complètes.
> Incomplet du cahier G (pages 115-160), remplacé par un double du cahier G.

51. Les Œuvres satyriques du sieur de Courval-Sonnet, gentilhomme
virois. Seconde édition, reveue, corrigée et augmentée par l'autheur.
Paris, Rolet-Boutonné, 1622, in-8, vélin.

> Édition peu commune.
> Incomplet des pages 53-54 contenant le portrait. — Piqûre de ver aux derniers feuillets.

52. Les Epistres en vers et autres œuvres poëtiques de M. de Bois-Robert-
Métel. *Paris, Augustin Courbé,* 1659, in-8, v. brun ant.

> Recueil peu commun. — L'abbé François Le Métel de Boisrobert, naquit à Caen, vers
> 1592 ; c'est à lui, paraît-il, qu'est due l'idée de la fondation de l'Académie française.
> Légères mouillures.

53. Discours satyriques et moraux, ou Satyres générales (par Louis Petit).
Imprimé à Rouen et se vend à Paris, chez la veuve Blageard, 1686, in-12,
cart. perc. blanche.

> ÉDITION ORIGINALE rare. — La satire VI traite des mœurs libertines des abbés.
> La marge supérieure du titre est refaite.
> Louis Petit, né à Rouen vers 1614, mourut dans la même ville en 1693.

54. Chants et chansons populaires. — Réunion de 4 vol. gr. in-8, musique
notée, dont 2 cart. et 2 br.

> Chants populaires du Bas-Quercy, recueillis et notés par M. Emmanuel Soleville. *Paris,*
> 1889. — Chants populaires des Flamands de France, recueillis et publiés par E. de Cousse-
> maker. *Gand,* 1856, pl. lithogr. — L'Ile de Sardaigne. Dialecte et Chants populaires, par
> Auguste Boullier. *Paris,* 1865. — Chansons populaires du Canada, recueillies et publiées
> par Ernest Gagnon. *Québec,* 1880.

55. Chants et chansons populaires du Cambrésis (avec les airs notés), recueillis par A. Durieux et A. Bruyelle. *Cambrai,* 1864-1868, 2 séries en 1 vol.
in-8, titres-front. lithographiés, cart. bradel, demi-perc. bleue, non rog.

> Extrait des *Mémoires de la Société d'Emulation.*

56. Gwerziou Breiz-Izel. Chants populaires de la Basse-Bretagne, recueillis
et traduits par F. M. Luzel. *Lorient, Corfmat,* 1868-1874, 2 vol. in-8, br.

57. Chants et Chansons populaires des provinces de l'Ouest, Poitou, Saintonge, Aunis et Angoumois, avec les airs originaux, recueillis et annotés par Jérome Bugeaud. *Niort, Clouzot*, 1866, 2 vol. gr. in-8, musique notée, demi-rel. mar. brun.

58. Charles Guillon. Chansons populaires de l'Ain, préface de Gabriel Vicaire. Illustrations de L. Barillot, Beauverie, H. Bidaud... *Paris, Monnier*, 1883, gr. in-8, pl. gr. à l'eau-forte et sur bois, br.

> Un des 45 exemplaires sur PAPIER DE HOLLANDE (n° 24).
> ENVOI AUTOGRAPHE de l'auteur.

59. Canti popolari del Piemonte pubblicati da Costantino Nigra. *Torino, Ermanno Lœscher*, 1888, gr. in-8, demi-rel. chag. vert, non rog.

60. Théâtre français du moyen-âge. — Réunion de 3 vol. gr. in-8, dont 1 demi-perc. brune et 1 br.

> Miracle de Nostre-Dame de Robert le Dyable. *Rouen*, 1836, pl. — Mystère de saint Crespin et saint Crespinien, publié par L. Desalles et P. Chabaille. *Paris*, 1836. — Théâtre français au moyen-âge, publié d'après les manuscrits de la Bibliothèque du Roi, par Monmerqué et Francisque Michel (XI°-XIV° siècles). *Paris*, 1842.

61. Adam, drame anglo-normand du XII° siècle, publié pour la première fois d'après un manuscrit de la bibliothèque de Tours, par Victor Luzarche. *Tours, Bousrez*, 1854, in-8, pap. vergé, demi-rel. mar. brun, *non rog.*

62. Le Mystère de la Passion d'Arnould Gréban, publié d'après les manuscrits de Paris avec une introduction et un glossaire par Gaston Paris et Gaston Raynaud. *Paris, Vieweg*, 1878, gr. in-8, br.

63. Répertoire du Théâtre français, ou Recueil des tragédies et comédies restées au théâtre depuis Rotrou, avec des notices sur chaque auteur et l'examen de chaque pièce, par M. Petitot (et M. Fiévée). Nouvelle édition, augmentée des chefs-d'œuvre de Beaumarchais, Colin d'Harleville, Ducis et Le Fèvre ; 25 vol. fig. — Répertoire du Théâtre français, troisième ordre, ou Supplément aux deux éditions du répertoire publiées en 1803 et 1817, avec un discours préliminaire par M. Petitot : 8 vol. — *Paris, Foucault*, 1817-1820. — Ens. 33 vol. in-8, nombr. fig. demi-rel. mar. r. à long, grain genre bradel, dos orné, non rog.

64. Le Nouveau Théâtre italien, ou Recueil général des comédiens représentées par les comédiens italiens ordinaires du roi. Nouvelle édition, corrigée et très augmentée, et à laquelle on a joint les airs de vaudevilles gravez à la fin de chaque volume. *Paris, Briasson*, 1733, 9 vol. in-12, musique gr. v. ant. marb. dos orné,

65. The History of fiction, by John Dunlop. Second edition. *Edinburgh, Ballantyne*, 1816, 3 vol. in-8, demi-rel. v. f. ant. avec coins, dos orné, fil. — A Selection of latin stories, a contribution to the History of fiction, edited by Thomas Wright. *London, Percy*, 1842, in-8, cart. bradel demi-perc. verte, non rog. — Ens. 4 vol.

66. Traditions tératologiques, ou Récits de l'antiquité et du moyen âge en Occident sur quelques points de la fable, du merveilleux et de l'histoire naturelle par J. Berger de Xivrey. *Paris, Imprimerie royale*, 1836, in-8, demi-rel. bas r. *non rog.*

> Précieux exemplaire renfermant quelques corrections *de la main de l'auteur*, qui, dans une lettre d'envoi jointe au volume, le déclare *unique* et formé des avant-dernières épreuves.

67. Meraugis de Portlesguez, roman de la Table ronde par Raoul de Houdenc, publié pour la première fois par H. Michelant, avec fac simile des miniatures du manuscrit de Vienne. *Paris, Tross,* 1869, in-8, pap. vergé, titre r. et noir, texte encadré d'un fil. r. fig. br.

Tiré à petit nombre.

68. Histoire de Foulques Fitz-Warin, publiée d'après un manuscrit du Musée britannique, par Francisque Michel. *Paris, Silvestre,* 1840, in-8, cart, bradel, demi-perc. brune, non rog.

Exemplaire sur GRAND PAPIER.

69. Contes populaires de la France et de divers pays. — Réunion de 5 vol. in-8, dont 2 cart. perc et 3 br.

Emmanuel Cosquin. Contes populaires de Lorraine comparés avec les contes des autres provinces de France et des pays étrangers. *Paris, s. d.* 2 vol. — The Language, poetry, and music of the Highland clans. *Edinburgh,* 1862. — Sagas from the far east, or, Kalmouk and Mongolian traditionary tales. *London, s. d.* — Le Kalevala, épopée nationale de la Finlande et des peuples finnois, traduit par Léouzon Le Duc. *Paris,* 1879.

70. Les Conteurs français. *Paris, Librairie des Bibliophiles,* 1874-1879, 4 vol. in-8, pap. vergé, br.

Nouvelles récréations et joyeux deviz de B. des Periers, suivis du Cymbalum Mundi, avec un glossaire par Louis Lacour, 2 vol. — Œuvres du seigneur de Cholières, notes. index et glossaire, par D. Jouaust, préface par Paul Lacroix, 2 vol.

71. Les Contes et discours d'Eutrapel, par le feu seigneur de la Herissaye (Noël du Fail). *Rennes, Noël Glamet,* 1603, in-8, vélin.

Édition rare de ce recueil de contes piquants et parfois grivois.
Piqûres de vers en marges de plusieurs feuillets.

72. La Bague d'Annibal, par J.-A. Barbey d'Aurevilly. *Paris, Duprey,* 1843, in-16 carré, pap. vergé, demi-rel. toile brune.

ÉDITION ORIGINALE, tirée à 150 exemplaires.
Exemplaire portant sur le faux-titre l'ENVOI AUTOGRAPHE suivant : *Hommage. Respect. Impossibilité d'oublier.* J.-A. B. d'A.

73. Du Dandysme et de G. Brummell, par J.-A. Barbey d'Aurevilly. *Caen, Mancel,* 1845, in-16 carré, pap. vergé, demi-rel. toile brune.

ÉDITION ORIGINALE rare.

74. LE DECAMERON DE JEAN BOCACE, traduict d'italien en françoys, par Ant. Le Macon... *Imprimé à Paris pour Estienne Roffet dict le Faulcheur,* 1545, in-fol. fig. sur bois, v. ant.

PREMIÈRE ÉDITION, très rare, de la traduction de Le Maçon. Elle est ornée de 10 très belles figures attribuées à *Etienne Delaune.*
Exemplaire incomplet du titre et de l'épître à la princesse Marguerite de France, imprimée en caractères romains (ff. A j et A ij). Cette épître se trouve déjà dans les ff. prél. imprimée en caractères italiques ; comme elle était en double, on a supprimé l'une d'elles dans la plupart des exemplaires.
Mouillure ; raccommodage en marge des ff. prél. — Annotations manuscrites de l'époque à la fin de chaque journée.

75. XVIII Histoires tragiques extraites des œuvres italiennes de Bandel, et mises en langue françoise, les six premières par Pierre Boisteau, surnommé Launay, les douze suivans par Franç. de Belle Forest. *A Lyon, par Pierre Rollet,* 1578, in-16, demi-rel. vélin avec coins.

Edition rare.
Noms manuscrits sur le titre, doublé, ainsi que le dernier f. ; quelques petites taches.

76. Contes populaires de la Grande Bretagne par Loys Brueyre. *Paris, Hachette,* 1875, gr. in-8, cart. bradel, demi-perc. bleue, non rog.

ENVOI AUTOGRAPHE de l'auteur sur le titre.

77. Popular tales of the West Highlands orally collected with a translation
by J. F. Campbell. *Edinburgh*, 1860-1862, 4 vol. in-12, fig. cart. perc.
brune, fers spéciaux, non rog.

78. Essai sur les fables indiennes et sur leur introduction en Europe par
A. Loiseleur Deslongchamps, suivi du Roman des sept sages de Rome,
en prose, publié pour la première fois, avec une analyse et des extraits
du Dolopathos, par Le Roux de Lincy. *Paris, Techener*, 1838, in-8, fac-
simile, demi-rel. chag. brun.

79. Les Bigarrures et touches du seigneur des Accords, avec les Apophtegmes
du sieur Gaulard, et les Escraignes dijonnoises (par Estienne Tabourot).
Dernière édition, reveuë et de beaucoup augmentée. *Rouen, Jean Berthelin*, 1620, pet. in-12, fig. vélin moderne, fil. tr. peigne.

> Edition rare ainsi composée : *Premier Livre*. 12 ff. non ch. et 181 ff ch. — *Quatriesme
> Livre*. Rouen, Martin La Motte, 1625 ; 4 ff. non ch. et 50 ff. ch. — Les Touches du
> seigneur des Accords. *Rouen, Martin La Motte*, 1625 ; 64 ff. ch. — Les Escraignes dijon-
> noises. *Rouen, Berthelin*, 1620 ; 50 ff. ch. — Les Contes facétieux du sieur Gaulard. *Rouen,
> Berthelin*, 1620 ; 59 ff. (ch. par erreur 56).
> Exemplaire un peu court de marge extérieure ; le titre général est un peu sali.

80. Œuvres complètes du roi René, avec une biographie et des notices par
le comte de Quatrebarbes, et un grand nombre de dessins et ornements,
d'après les tableaux par M. Hawke. *Angers* et *Paris, Picard*, 1845-49,
2 vol. in-4, front. et pl. lith. br.

81. Guillaume Postel. Ouvrages divers. — Réunion de 5 vol. in-8 et in-16,
v. ant. et vélin.

> OUVRAGES TRÈS RARES.
> De Magistratibus Atheniensium liber, ad Gulielmum Poyetum totius Galliæ Cancellarium...
> *Parisiis, apud Michaelë Vascosanum*, 1541. (*Trou à un feuillet*). — Eversio falsorum Aristote-
> lis dogmatum, authore D. Justino martyre, qui Helij Hadriani Cæsaris temporibus et nixit
> et ad eum pro Christianis doctissime scripsit. *Parisiis, Sebastianum Nivellium*, 1552. — Liber
> de Causis seu de principiis et originibus natura. *Parisiis, Sebastianum Nivellium*, 1552. —
> Absconditorum a Constitutione Mundi Clavis, quâ Mens humana tam in divinis quàm in huma-
> nis pertinget ad interiora velaminis æternæ veritatis. *Amsterodami, Janssonium*, 1646, portr.
> gr. — La Loy salique, livret de la première humaine vérité, par Guillaume Postel. *Suivant
> la copie de 1552, à Paris, Lamy*, 1780.
> Guillaume Postel, professeur royal des langues orientales à Paris, né le 25 mars 1510, à
> Dolerie, près de Barenton (Manche), mourut à Paris le 6 septembre 1581.

82. Œuvres complètes de Victor Hugo. Edition définitive. *Paris, Hetzel,
Quantin*, 1880, 6 vol. in-8, br.

> Poésie, 2 vol. — Drame, 2 vol. — Notre-Dame de Paris. (*Tome I*). — Quatre-vingt-treize.

83. Impressions du XVIᵉ siècle. — Réunion de 3 vol. pet. in-8, v. ant. et
derel.

> Expositio decalogi facta per fratrem Franciscum de Maronis *Paris*, 1519, 156 ff. ch. et
> 4 ff. non ch. car. goth. (*inc. du titre*). — Michaelis Ritii de regibus Neapolis Historia. *Milan*,
> 1596, 120 ff. non ch. car. ronds (*inc. du cahier A*). — Proverbia. *S. l. n. d.* (fragment de
> 42 ff. imprimés en car. goth.)

84. Karl Bartsch : Chrestomathie de l'ancien français (VIIIᵉ-XVᵉ siècles),
accompagnée d'une grammaire et d'un glossaire. Troisième édition corrigée et augmentée. *Leipzig, Vogel*, 1875. — Chrestomathie provençale
accompagnée d'une grammaire et d'un glossaire. Troisième édition, revue
et corrigée. *Elberfeld', Friderichs*, 1875. — Ens. 2 vol. in-8, demi-rel.
chag. brun.

85. Romans, en vers et en prose, du XIIᵉ siècle. — Réunion de 6 vol. in-4
et in-8, dont 3 en demi-rel. chag. et 3 cart.

> Le Roman du Mont Saint-Michel, par Guillaume de Saint-Pair, publié par Francisque
> Michel. *Caen*, 1856. — Roman du comte de Poitiers, publié par Francisque Michel. *Paris*,

1831. — La Mort Aymeri de Narbonne. chanson de geste publiée par J. Couraye du Parc. — Le Roman de la Charette d'après Gauthier Map et Chrestien de Troies, publié par le Dr Jönckbloet. *La Haye*, 1850. — Li Romans des Eles, par Raoul de Houdenc, publié par Auguste Scheler. *Bruxelles*, 1868. — Li Sermon Saint Bernart. *Erlangen*, 1885.

86. Réimpressions figurées de pièces des XVe et XVIe siècles faites par les soins de MM. Giraud, Pinard, A. Veinant, etc. et *tirées à très petit nombre*. — Réunion de 21 vol. ou opuscules, in-8 et in-12, goth. fig. sur bois, dont 1 cart. et 20 br.

> Le Voyage du Puys Sainct Patrix. — La Vie et trespassement de Caillette. — Oraysons tres dévotes. plaisantes et bien composées en l'honneur de la Royne de Paradis. — Quatorze belles chansons. — Dix-sept belles chansons. — Sensuivent les ténébres du Champ Gaillart. — L'Epitaphe de frère Olivier Maillard. — Lenfant sage à trois ans avecque la similitude de Lenfant prodigue. — Le Banquet du boys. — Etc.. etc.

87. BIBLIOTHÈQUE BLEUE. (Contes. farces, historiettes, romans de chevalerie, noëls, etc. publiés à *Troyes*, par André, Baudot, Garnier et Oudot, à *Rouen*, *Caen*, *Reims*, etc.). — Réunion de 140 ouvrages ou pièces de différents formats, nombr. fig. sur bois, rel. et br.

88. BIBLIOTHÈQUE ELZEVIRIENNE. *Paris*, *Jannet*, *Daffis*, *Franck*. 1853-1880, 77 vol. in-12, pap. vergé, cart. perc. r. non rog.

> D'Aubigné : Les Tragiques. — Aventures du baron de Fœneste. — Branthôme, 3 vol. — Bussy-Rabutin. Histoire amoureuse des Gaules, 3 vol. — Caquets de l'accouchée. — Cent nouvelles nouvelles, 2 vol. — Chronique de Charles VII, 3 vol. — Collerye (Roger de). Œuvres. — Coquillart. Œuvres, 2 vol. — Des Périers. Œuvres, 2 vol. — Dolopathos (Li romans de). — Evangiles de Quenouilles. — Floire et Blancheflor. — Furetière. Roman Bourgeois. — Gaultier Garguille. — La Guette (Mme de). Mémoires. — Melin de Sainct Gelais. Œuvres complètes, 3 vol. — Mélusine, par Jehan d'Arras. — Mortini. Novellae, fabulae, comediae. — Oliva. Histoire du Pérou. — Poésies des XVe et XVIe siècles. 11 vol. — Racan. Œuvres, 2 vol. — Régnier (Mathurin). Œuvres complètes. — Ronsard, Œuvres complètes, 8 vol. — Rutebœuf. Œuvres complètes, 3 vol. — Saint-Amant. Œuvres complètes, 2 vol. — Somaize. Dictionnaire des Précieuses, 2 vol. — Straparola. Les Facétieuses nults, 2 vol. — Tabarin. Œuvres, 2 vol. — Taschereau. Histoire de la vie et des ouvrages de Corneille. — Théophile. Œuvres complètes, 2 vol. — Variétés historiques et littéraires, 10 vol.

89. Collection des écrivains français du Moyen-Age, publiée par C. Hippeau. *Paris*, *Aubry*, 1859-1877, 8 vol. in-8, dont 4 en demi-rel. mar. non rog. 1 cart. et 3 br.

> Tirés à petit nombre.
> Le Bestiaire d'amour par Richard de Fournival, suivi de la Réponse de la dame, enrichi de 48 dessins gravés sur bois. — La Vie de Saint Thomas le martyr, par Garnier de Pont-Sainte-Maxence. (*Marge inférieure de 3 ff. coupée*). — Le Bel inconnu ou Giglain fils de messire Gauvain et de la fée aux blanches mains, par Renauld de Beaujeu. — Messire Gauvain ou la Vengeance de Raguidel, par le trouvère Raoul. — Amadas et Ydoine, poème d'aventures. — La Conquête de Jérusalem. composée par le pélerin Richard et renouvelée par Graindor de Douai au XIIIe siècle. — La Chanson du chevalier au Cygne et de Godefroid de Bouillon. (*Annotations manuscrites de M. Couraye du Parc.*)

90. SOCIÉTÉ DES ANCIENS TEXTES FRANÇAIS. *Paris*, *Firmin-Didot*, 1875-1899, 62 vol. in-8, pap. vergé, cart. perc. grenat et r. non rog.

> L'Amant rendu cordelier. — L'Art de chevalerie. — Li Abrejance de l'ordre de chevalerie. — Aymeri de Narbonne, 2 vol. — Œuvres de Beaumanoir, 2 vol. — Brun de la Montaigne. — Chansons du XVe siècle. — Le Chansonnier français de St-Germain-des-Prés (*tome I*). — La Chirurgie de Henri de Mondeville ; 2 vol. — Œuvres de Christine de Pisan ; 3 vol. — Chronique du Mont Saint-Michel ; 2 vol. — Les Contes de Nicole Bozon. — Le Couronnement de Louis. — Daurel et Beton. — Œuvres d'Eustache Deschamps ; 8 vol. (*tomes II à IX*). — Le Dit de la panthère. — L'Escoufle, roman d'aventure. — L'Evangile de Nicodème. — Œuvres de Guillaume Alexis ; 2 vol. — Guillaume de La Barre. — Méliador; 3 vol. — Merlin ; 2 vol. — La Mort Aymeri de Narbonne. — Miracles de Nostre-Dame ; 5 vol. (*tomes IV à VIII*). — Le Mistère du Viel Testament, 4 vol. (*tomes III à VI*). — Le Mystère de S. Bernard de Menthon. — Les Narbonnais ; 2 vol. — Orson de Beauvais. — La Prise de Cordres es de Sébille. — Les Quatre âges de l'homme. — Raoul de Cambrai. — Le Roman de la Rose. — Le Roman de Thèbes ; 2 vol. — Rondeaux et autres poésies du XVe siècle. — Saint Thomas de Cantorbéry. — La Vie de saint Gilles.
> On a ajouté : Bulletin de la Société. *Paris*, 1875 (*origine*) à 1901. 27 années en 58 livraisons in-8, br. (Les années 1877, 1878 et 1879 sont incomplètes chacune du fascicule n° 2).

91. Mélusine. Recueil de mythologie, littérature populaire, traditions et usages. *Paris*, 1878 (*origine*) à 1895, 6 tomes en 5 vol. pet. in-fol. à 2 col. pl. en noir et en couleur, fig. musique notée, demi-rel. chag. vert.

Tomes I à IV, VI et VII.

92. Bibliotheca Normannica. *Halle, Max Niemeyer*, 1879-1891, 4 vol. in-8, demi-rel. mar. vert, non rog.

Der Juden Knabe, 5 griechische, 14 lateinische und 8 franzosische texte herausgegeben von Eugen Wolter. — Die lais der Marie de France, herausgegeben von Karl Warnke. — Eneas, texte critique publié par Jacques Salverda de Grave. — La Clef d'Amors, texte critique avec introduction, appendice et glossaire par Auguste Doutrepont.

93. Altfranzösische bibliothek herausgegeben, von Dr Wendelin Foerster. *Heilbronn, Henninger*, 1879-1886, 7 vol. in-12, demi-rel. chag r. non rog.

Chardry's Josaphaz, set Dormanz und Petit plet. — Karls des grossen reise nach Jerusalem und Constantinopel. — Octavian. — Lyoner Yzopet. — Das Altfranzœsische Rolandslied (Châteauroux und Venedig III). — Adgar's Marienlegenden. — Lothringischer psalter. (Bibl. Mazarine n° 798).

94. Les Littératures populaires de toutes les Nations. Traditions, légendes, contes, chansons, proverbes, devinettes, superstitions. *Paris, Maisonneuve*, 1881-1889, 10 vol. in-12, pap. vergé, cart. perc. r. dos orné, non rog.

Luzel : Contes populaires de Basse-Bretagne, 3 vol. ; Légendes chrétiennes de la Basse-Bretagne, 2 vol. — Petitot. Traditions indiennes du Canada Nord-Ouest. — Sauvé. Le Folk-Lore des Hautes-Vosges. — Sébillot. Gargantua dans les Traditions populaires. — Weckerlin. Chansons populaires de l'Alsace. 2 vol.

95. Brochures d'érudition (Histoire, bibliographie, paléographie, philologie, biographies, etc.) de MM. Barbier, Camille Couderc, L. Delisle, L. Gautier, L de Grandmaison, P. Guilhiermoz, Jullien, Levillain, F. Lot, L. de Mas-Latrie, H. Omont, G. Paris, L. de Rosny, etc., etc., — Réunion de 72 brochures in-8.

96. Auteurs Normands. — Réunion de 5 vol. in-8 et in-12, v. ant., vélin ou br.

Deffence apologétique du sieur de Courval gentil-homme Virois, contre les censures de sa Satyre du mariage. *Lyon*, 1623. — Les Métamorphoses d'Ovide de nouveau traduites en françois, contenans XV livres. Dernière édition. *Rouen*, 1624, front. et nombr. fig. sur bois. — Réflexions et résolutions chrestiennes, faites dans une retraite par Jean Le Soudain, avocat à Saint-Lô. *S. l.* 1715. — Diane de Castro, Histoire nouvelle, par M. Huet, ancien évêque d'Avranches. *Amsterdam*, 1729, front. gr. — La Vie et les vertus de Messire Antoine Hale, curé de Cherbourg et doyen de la Hague (par Ch. Trigan, curé de Digoville). *Coutances*, 1747. (*Ouvrage très intéressant pour l'Histoire du Cotentin et rempli de détails historiques sur Cherbourg et ses environs ; raccommodages*).

97. Mélanges Julien Havet. Recueil de travaux d'érudition dédiés à la mémoire de Julien Havet (1853-1893). *Paris, Leroux*, 1895, fort vol. gr. in-8, portr. pl. br.

HISTOIRE

98. Itinéraire de Jérome Maurand d'Antibes à Constantinople (1544). Texte italien publié pour la première fois avec une introduction et une traduction par Léon Dorez. *Paris, Leroux*, 1901, gr. in-8, pl. br.

Du *Recueil de voyages et de documents pour servir à l'histoire de la géographie*.

99. Bouquet sacré composé des plus belles fleurs de la Terre Saincte, par le
P. Boucher. Reveu, corrigé, augmenté et enrichi par l'autheur d'un
excellent discours de la noblesse sur la création des chevaliers du St-Sépul-
chre. *Paris, Denis Moreau*, 1620, in-8, titre-front gr. v. brun ant.

> Rare.
> Exemplaire court de marges. — Incomplet des pages 335-336. Déchirure enlevant du
> texte à la page 627.

100. Orderici Vitalis. Historiæ Ecclesiasticæ, libri VII et VIII e codice Vaticano
reg. 703 A. *Lutetiæ Parisiorum*, 1902, pet. in-fol. 52 ff. en phototypie,
vélin, dos orné, fil.

> Reproduction fac-similée du manuscrit original, offerte à M. Léopold Delisle, adminis-
> trateur général de la Bibliothèque Nationale, à l'occasion de son cinquantenaire.

101. (Jacobus de Voragine. Legenda Sanctorum). (En tête du 1er f. de
texte:) Incipia legenda sanctoruꝫ que lombardica nominatur hi||storia et
primo de festivitatibus que occurrunt infra tem||pus renovationis quod
representat ecclesia ab adventu usqꝫ|| ad ñativitateꝫ domini. || (A la fin :)
*Hoc opus historie lombardice deo opitulan||te cum legendis in fine annexis
est impres||sum Argentine. Anno domini millesimo || quadringentesimo sep-
tuagesimonono.* (*Strasbourg*, 1479), in-fol. goth. ais de bois recouverts
de v. ant.

> Édition très rare composée de 18 ff. non ch. à 2 colonnes pour la table et le prologue et
> 383 ff. non ch. de texte.
> Raccommodages à deux ou trois feuillets. — Taches. — Cassure au f. 21.
> On a relié à la fin du volume : *Legenda sancti Albini*, manuscrit du XVe siècle de 4 feuillets,
> en caractères gothiques.

102. Les Grandes Chroniques de France, selon que elles sont conservées en
l'église de Saint-Denis en France, publiées par M. Paulin Paris. *Paris,
Techener*, 1836-1838, 6 vol. in-12, br.

103. Recueil des Historiens des Gaules et de la France, par des religieux
bénédictins de la congrégation de Saint-Maur. Nouvelle édition publiée
sous la direction de M. Léopold Delisle. *Paris, Palmé*, 1876-1877, 2 forts
vol. in-fol. pap. vergé, perc. r. (*Rel. de l'éditeur.*)

> Tomes XI et XII.

104. Collection de Documents inédits sur l'Histoire de France. *Paris, Imprimerie nationale*, 1836-1876, 7 vol. in-4, dont 4 cart. et 3 br. et débr.

> Chronique des ducs de Normandie par Benoît ; 3 vol. — Li Livres dou trésor par Bru-
> netto Latini. — Le Livre des Pseaumes. — Mandements et actes divers de Charles V (1364-
> 1380). — Les Quatre Livres des rois, suivis d'un fragment de moralités sur Job et d'un choix
> des sermons de saint Bernard.
> On a ajouté : Rapports au Ministre. *Paris*, 1839, in-4, demi-rel. v. bleu.

105. Les Pénalités anciennes. Supplices, prisons et grâce en France, d'après
des textes inédits par Charles Desmaze. *Paris, Plon*, 1866, in-8, fig. br.
— Enquêtes et procès. Etude sur la procédure et le fonctionnement du
Parlement au XIVe siècle, suivie du Sty'e de la Chambre des enquêtes,
du Style des commissaires du Parlement et de plusieurs autres textes
et documents, par P. Guilhiermoz. *Paris, Picard*, 1892, in-4, br. —
Ens. 2 vol.

106 Essai sur l'origine de la noblesse en France au moyen-âge, par P. Guilhiermoz. *Paris, Picard*, 1902, fort vol. gr. in-8, papier vergé, br.

> Envoi autographe de l'auteur.

107. Richardi Dinothi, Normanni Constantinatis, de Bello civili Gallico, religionis causa suscepto lib. VI, accessit index rerum memorabilium locupletissimus. *Basileæ, ex officina Petri Pernæ*, 1582, in-4, vélin.

Ouvrage peu commun, renfermant les événements survenus de 1555 à 1577, et composé sur le plan des histoires de Théodore de Bèze et de La Popelinière.
L'auteur, Richard Dinoth, historien et pasteur protestant, était natif de Coutances.
Légère mouillure ; timbre d'une abbaye sur le titre.

108. Mélanges historiques sur la Révolution française. — Réunion de 10 vol. et 3 opuscules in-4 et in-8, dont 6 rel. et 7 br.

Mémoires sur la Bastille, par M. Linguet. *Londres*, 1788. — Vie publique et privée de Mirabeau.— Première dénonciation solennelle d'un ministre faite à l'Assemblée Nationale en la personne du comte de la Luzerne..., par le comte de Gouy. *Paris*, 1790. — Mon Agonie de trente-huit heures, ou Récit de ce qui m'est arrivé, dans la prison de l'abbaye Saint-Germain, depuis le 22 août jusqu'au 3 septembre, par Jourgniac Saint-Méard. *Paris, Desenne*, 1792. — Bulletin du Tribunal Criminel Révolutionnaire établi au Palais, à Paris, par la loi du 10 mars 1793. *Paris*, 27 avril 1793. 25 nᵒˢ en 2 opuscules (*1ʳᵉ partie nᵒˢ 18 à 43*). — Adresse de la Convention nationale au peuple français, du 16 prairial, l'an second de la République française (*Paris*, 1794). — Le Spectateur françois pendant le gouvernement révolutionnaire, par le citoyen Delacroix. *Paris, Buisson an III* (1795). — Dictionnaire des Jacobins vivans, dans lequel on verra les hauts-faits de ces messieurs (par L. Galinau). *Hambourg*, 1799. — Considérations sur les principaux événements de la Révolution française. Ouvrage de la baronne de Staël. *Paris*, 1818, 3 vol. — Galerie historique de la Révolution française (1787 à 1799) par Albert Maurin. *Paris, s. d.* portr. (*Tome 1ᵉʳ*).

109. Le Grand Pardon général de l'Hostel Dieu de Paris. *S. l. n. d.* (*Paris, 1550*). — Placard grand in-folio, car. goth. cart. bradel.

Pièce fort rare ornée de quatre figures sur bois dont une représente le Sauveur du Monde, une autre les armes de France et les deux dernières celles du pape Jules III.

110. Mélanges sur la Normandie. — Réunion de 14 vol. de différents formats, dont 7 vol. br. et 7 rel.

Eloge des Normands, ou Histoire abrégée des grands hommes de cette province (par l'abbé Rivière). *Paris*, 1748. — Nouvelle Histoire de Normandie (par Vauquelin de Lafresnaye). *Versailles*, 1814, portr. — Histoire des Ducs de Normandie, par Guillaume de Jumiège. *Caen*, 1826. — Itinéraire descriptif, historique et monumental, des cinq départements composant la Normandie, par M. Louis Du Bois. *Caen*, 1828. 2 parties en 1 vol. pl. plan et carte gr. — De Moribus et actis primorum Normanniæ Ducum auctore Dudone Sancti Quintini decano. Nouvelle édition publiée par Jules Lair. *Caen*, 1865. — Flore populaire de la Normandie, par Charles Joret. *Caen*, 1887. — Histoire de Guillaume le Conquérant, par l'abbé Prévost. *Paris*, 1810. — G. Lavalley : Le Duc d'Aumont et les cent jours en Normandie. *Paris, s. d.* ; Etudes sur la Presse en Normandie, 1ʳᵉ série. *Paris, s. d.* — Masseville : Histoire sommaire de Normandie. Rouen, 1693-1704. 4 vol. (*Tomes III à VI*). Etat géographique de la province de Normandie. *Rouen*, 1722, 1 vol. (*Tome II contenant les listes des élections, paroisses, etc.*)

111. Historiæ Normannorum scriptores antiqui, res ab illis per Galliam, Angliam, Apuliam, Capuæ principatum, Siciliam, et Orientem gestas explicantes, ab anno Christi 838 ad annum 1220 Ex mss. codd. omnia fere nunc primum edidit Andreas Duchesnius. *Lutetiæ Parisiorum (Robert Fouët)*, 1619, in-fol. vélin à recouvr. avec attaches.

Ouvrage fort recherché et très rare, seul paru de cette collection qui devait avoir trois volumes. — Brunet indique 1101 pages de texte, notre exemplaire n'en a que 1080, plus la table des matières.

112. Histoire générale de Normandie, contenant les choses mémorables advenües depuis les premières courses des Normands payens .. jusques à la réunion de la Normandie à la Couronne de France, par M. Gabriel du Moulin, curé de Maneval. *Rouen, Jean Osmont*, 1631, in-fol. v. brun ant.

Ouvrage très recherché. — Gabriel Dumoulin, curé de Menneval, naquit à Bernay vers 1575.
Raccommodage à la marge extérieure du titre et d'un f. prél.

113. Abbrégé de l'histoire de Normandie (par Eustache d'Anneville). *Rouen, Jacques et Jean Lucas*, 1665, in-16. carte gr. sur bois, v. ant. fatig.

> Première édition in-12. — Eustache d'Anneville naquit à Anneville-sur-Crique, dans le diocèse de Coutances. vers 1592 et fut avocat au Parlement de Rouen.
> Légères mouillures.

114. Les Recherches et antiquitez de la Province de Neustrie, à présent Duché de Normandie, comme des villes remarquables d'icelle ; mais plus spéciallement de la ville et université de Caen, par Charles de Bourgueville. *A Caen, de l'imprimerie de Jean de Feure*, 1588, 2 parties en 1 vol. in-4. portrait, mar. vert à long grain, dos orné, fil. dent. (*Rel. anc.*)

> Réimpression faite en 1705 de cet ouvrage rare. dont l'édition originale fut en partie détruite, à la mort de l'auteur. par sa famille. — Charles de Bourgueville, lieutenant-général de la ville de Caen, y naquit en 1504 et y mourut le 5 novembre 1593.
> Exemplaire un peu court de marges. — Le dernier f. est doublé. — Mouillure aux derniers feuillets.

115. Chroniques anglo-normandes. Recueil d'extraits et d'écrits relatifs à l'histoire de Normandie et d'Angleterre pendant les XIe et XIIe siècles. publié pour la première fois par Francisque Michel. *Rouen, Edouard Frère*, 1836-1840, 3 vol. in-8, br.

116. Histoire de Normandie par Orderic Vital (traduite par Louis Du Bois, de Lisieux). publiée pour la première fois en français, par M. Guizot. *Caen, Mancel*, 1826, 4 vol. in-8, br.

117. Histoire de Normendie contenant les faits et gestes des ducs et princes dudit pays, depuis Aubert premier duc et gouverneur d'iceluy... reveuë et augmentée en la pluspart oultre les precedètes impressions, et remise tout de nouveau en la langue françoise. *On les vend à Rouen, par Jaspar de Remortier et Marguerin d'Orival*, 1558, in-8, v. ant. marb.

> Première édition imprimée en caractères romains, faite sur l'originale de 1187, de laquelle elle ne diffère que par une orthographe rajeunie. Elle est rare et recherchée.
> Exemplaire incomplet des 4 feuillets préliminaires (titre, préface et table). — Légère mouillure.

118. L'Histoire et Cronique de Normendie. Reveuë et augmentée outre les précédentes impressions, finissant au roy tres-chrestien Henry troisième... avec les figures tant de ladite Normendie que de la ville de Rouen métropolitaine d'icelle province. *Rouen, Martin le Mesgissier*, 1578, carte et plan. — Description du pays et duché de Normendie, appellée anciennement Neustrie, de son origine et des limites d'iceluy... faicte par feu maistre Jean Nagerel. *Rouen, Martin le Mesgissier*, 1578. — Ens. 2 ouvrages en 1 vol. in-8, demi-rel. mar. vert à long grain.

> Édition peu commune, faite sur la précédente. Elle est ornée d'un curieux plan de Rouen et d'une carte de la Normandie gr. sur bois. — Le second ouvrage renferme l'histoire et le procès de Jeanne d'Arc, l'entrée de Charles IX à Rouen, etc.
> Transposition des deux premiers cahiers de la *Description du pays de Normandie*; la carte est en partie déchirée ; mouillures; raccommodages atteignant le texte aux deux derniers feuillets.

119. Les Chroniques de Normandie. (A la fin :) Ici finissent les chroniques de Normandie, publiées pour la première fois d'après deux manuscrits de la Bibliothèque du Roi, à Paris, par Francisque Michel. *Rouen, Nicetas Periaux, pour Edouard Frère*, 1839, pet. in-4, papier vergé, titre-front. lithogr. *en couleur, cart. non roy.*

> Tiré à 210 exemplaires.

120. Anglica, Normanica, Hibernica, Cambrica, a veteribus scripta.. plerique nunc primum in lucem editi, ex bibliothec. Guilielmi Camdeni. *Francofurti, Marnii*, 1603, in-fol. portr. gr. sur bois, v. brun ant.

> Ouvrage peu commun et très recherché.
> Exemplaire aux armes de Thomas MORAND DU MESNIL-GARNIER, conseiller du Roi, baron de Courseulles (Calvados).

121. Les Conquestes et les trophées des Norman-François, aux Royaumes de Naples et de Sicile, aux Duchez de Calabre, d'Antioche, de Galilée, et autres principautez d'Italie et d'Orient, par Messire Gabriel Du Moulin. *Roüen, David du Petit Val*, 1658, in-fol. vélin.

Ouvrage très recherché, commençant à l'année 1003 et finissant en 1112 ; les cinq derniers ff. sont occupés par une chronologie rouennaise allant de 91 à 1555.

122. Recherche de Montfaut, contenant les noms de ceux qu'il trouva nobles et de ceux qu'il imposa à la taille, quoiqu'ils se prétendissent nobles, en l'année 1463. Seconde édition corrigée sur plusieurs manuscrits, et enrichie de discours préliminaires, de notes et de tables, par messire Labbey de la Roque. *Caen, Poisson*, 1818. — Supplément à la seconde édition de la Recherche de Montfaut, imprimée à Caen, en 1818, par F. Poisson, contenant des corrections et additions, par l'éditeur. *Caen, Poisson*, 1824. — Ens. 2 vol. in 8, demi-rel. v. brun.

Ce travail qui intéresse particulièrement la Basse-Normandie est devenu peu commun.

123. Etat des anoblis en la province de Normandie, par la taxe des francs fiefs suivant la chartre de 1470. — In-fol. de 63 pp. demi rel. bas. marb.

Manuscrit du XVIIIe siècle, très important pour l'histoire de la noblesse normande. Il renferme la liste des nobles, des vicomtés de Rouen, Pont de l'Arche, Gournay, Neufchâtel, Caudebec, Montivilliers, Caen, Falaise, Coutances, Evreux, etc.

124. Nouvelle Biographie normande par Mme N. Oursel. *Paris, Picard*, 1886-1888, 3 vol. gr. in-8 à 2 col. br.

125. Biographies d'auteurs normands. — Réunion de 4 vol. in-8, br.

Essais sur la vie et les œuvres de Georges de Brébeuf (1617 ?-1661) par René Harmand. *Paris*, 1897, front. — Notice sur les trois Brébeuf, le poëte, le prieur-curé de Venoix et leur oncle le missionnaire, martyr, par M. Ch. Marie. *Paris*, 1875, fig. — Le Marquis de Blosseville, souvenirs, par Louis Passy. *Evreux*, 1898. — Un Poëte apôtre, ou le Révérend père Léon Barbey d'Aurevilly, par le P. Joseph Dauphin. *Paris, s. d.* fig.

126. Manuel du Bibliographe normand, ou Dictionnaire bibliographique et historique, par Edouard Frère. *Rouen, Le Brument*, 1858-1860, 2 vol. gr. in-8 à 2 col. demi-rel. chag. brun.

127. Histoire du Parlement de Normandie, par A. Floquet. *Rouen, Ed. Frère*, 1840-1842, 7 vol. in-8, front. demi-rel. chag. brun, dos orné.

128. Les Etats de Normandie, leurs origines et leur développement au XIVe siècle, par Alfred Coville. *Paris, Imprimerie nationale*, 1894, gr. in-8, demi-rel. mar. r. tête dor. non rog.

129. ⊄ Le Grand Coustumier du ‖ pays ⟨ε⟩ duché de Normendiē très utile ⟨ε⟩ profitable ‖ à tous praticiens. Euꝗl est le texte diceluy en fran‖coys proportionne a lequipolent de la glose ordi‖naire et familiaire ‖ ⊄ Avec plusieurs additions... par maistre Guillaume le Rouille, d'Alençon... *Nouvellemēt imprimé à Rouen, par Nicolas le Roux, pour Francoys Regnault...* 1539, 2 parties en 1 vol. in-fol. goth. à 2 col. titre r. et noir avec encadrement gr. sur bois, bas. ant. marb.

Dernière édition gothique de cette coutume.
Raccommodage au titre. — Incomplet du dernier feuillet. — Notes manuscrites sur quelques feuillets.

130. Neustria pia, seu de omnibus et singulis abbatiis et prioratibus totius Normaniæ ; quibus extruendis, fundandis, dotandisque, pietas neustriaca magnificentissime eluxit et commendatur... Auctore R. Patre Arturo Du Monstier, Rothomagensi. *Rothomagi, Berthelin*, 1663, in-fol. v. ant.

Ouvrage rare et très recherché.

131. Histoire ecclésiastique de la province de Normandie, avec des observations critiques et historiques, par un docteur de Sorbonne (Ch. Trigan). *Caen, Pierre Chalopin*, 1759-1761, 4 vol. in-4, cart. *non rog.*

Ouvrage rare et recherché. Il devait avoir 8 volumes, mais la mort de l'auteur a arrêté la publication à l'année 1204, époque où le duché fut réuni à la France. Ses héritiers se partagèrent l'édition des quatre volumes déjà imprimés et les vendirent au poids, ce qui explique sa rareté.

Charles Trigan, né à Querqueville, près de Cherbourg, le 20 août 1694, fut curé de Digoville (Manche) et mourut dans sa cure le 12 février 1764.

132. Antiquités anglo-normandes de Ducarel, traduites de l'anglais par A.-L. Léchaudé d'Anisy. *Caen, Mancel*, 1823, pl. lithog. sur Chine. — Origine de la tapisserie de Bayeux, prouvée par elle-même, par Delaunay. *Caen, Mancel*, 1824, pl. pliées. — Ens. 2 ouvrages en 1 vol. in-8, nombr. pl. demi-rel. v. f. tr. peigne.

133. A. Floquet. Anecdotes normandes. Deuxième édition considérablement augmentée, précédée d'une notice sur M. Floquet et suivie de notes et de pièces justificatives par Ch. de Beaurepaire. *Rouen, Cagniard*, 1883, in-8, demi-rel. bas. bleue.

Tiré à petit nombre.

134. La Normandie, par A. Robida. — Suite complète de 40 planches in-4 en lithographie teintée.

135. Ouvrages sur les principales villes de la Seine-Inférieure. — Réunion de 4 vol. in-8 et in-12, dont 2 vol. br. et 2 rel.

Histoire de la ville de Rouen, depuis sa fondation jusqu'en l'année 1774 par M. S*** (Servin), avocat au parlement de Rouen. *Rouen et Paris*, 1775, 2 tomes en 1 vol. (*Le titre du tome II manque*). — Chronique des Abbés de Saint-Ouen de Rouen, publiée par Francisque Michel. *Rouen*, 1840, pap. vergé et front. gr. (*Tiré à petit nombre*). — Histoire, antiquités et description de la ville et du port du Hàvre de Grace par M. l'abbé Pleuvri. Seconde édition, augmentée. *Paris*, 1769. — Essai historique et littéraire sur l'Abbaye de Fécamp par Leroux de Lincy. *Rouen*, 1840, 3 pl. gr., dont 2 tirées sur Chine.

136. Concilia Rotomagensis provinciæ. Accedunt diœcesanæ synodi, pontificum epistolæ, regia pro Normaniæ, clero diplomata... prodeunt in lucem operâ et studio domni Guillelmi Bessin. *Rotomagi, Vaullier*, 1717, 2 parties en 1 vol. in-fol. v. brun ant.

Petite piqûre de ver à la marge inférieure des premiers feuillets.

137. Histoire du privilège de Saint Romain, en vertu duquel le chapitre de la cathédrale de Rouen délivrait anciennement un meurtrier, tous les ans, le jour de l'Ascension, par A. Floquet. *Rouen, Le Grand*, 1833, 2 vol. in-8, front. demi-rel. chag. brun, dos orné.

138. Pommeraye (Dom F.) : Histoire de l'Abbaye Royale de S. Ouen de Rouen, divisée en cinq livres, où il est traité : dans le premier, de la naissance, éducation et des principales vertus de Saint Oüen... Dans le second, de la fondation, progrez, ruine, rétablissement... de l'Abbaye de Saint Oüen... Dans le troisième, des Abbez qui l'ont gouvernée... Dans la quatrième, des abbayes, prieurez et paroisses qui ont esté dépendantes et dans le cinquième, des preuves ou pièces justificatives de cette histoire. Le tout recueilly... par un Religieux Bénédictin de la Congrégation de Saint Maur (Dom F. Pommeraye), *front. 7 pl. gr. par G. Audran, J.-C. David et R. Harel* et vign. sur bois. — Histoire de l'Abbaye de la Très-Sainte Trinité, dite depuis de Sainte Catherine du Mont de Rouen... (par le même). — Histoire de l'Abbaye de Saint-Amand de Rouen... Ensemble des Abbesses qui l'ont gouvernée depuis sa fondation jusques à présent... (par le même). — *Rouen, Richard Lallemant et Louys Du Mesnil*, 1662. — Ens. 3 ouvrages en 1 vol. in-fol. front. pl. gr. et fig. sur bois, v. ant. marb.

Ouvrages rares et recherchés.

139. Achille Deville : Histoire du Château-Gaillard et du siège qu'il soutint contre Philippe-Auguste en 1203 et 1204, ornée de planches lithographiées ou gravées et de plusieurs vignettes. *Rouen, Ed. Frère,* 1829. — Essai historique et descriptif sur l'église et l'abbaye de Saint-Georges-de-Bocherville, près Rouen, orné de planches lithographiées ou gravées, et de plusieurs vignettes. *Rouen, Périaux,* 1827. — Ens. 2 ouvrages en 1 vol. in-4, nombr. pl. lithogr. et vign. gr. sur bois par Brevière, demi-rel. v. f. tr. marb.

140. Dictionnaire des anciens noms de lieu du département de l'Eure, par Auguste Le Prévost. *Evreux, Ancelle,* 1839, in-8, demi-rel. v. f. dos orné.

Un des rares exemplaires sur PAPIER DE HOLLANDE. — ENVOI AUTOGRAPHE de l'auteur.

141. Histoire civile et ecclésiastique du comté d'Evreux, où l'on voit tout ce qui s'est passé depuis la fondation de la monarchie, tant par rapport aux rois de France qu'aux anciens ducs de Normandie, et aux rois d'Angleterre (par l'abbé Le Brasseur). *Paris, Barois,* 1722, 3 parties en 1 vol. in-4, v. ant. granit.

Ouvrage très recherché, dont l'auteur, Pierre-Philippe Le Brasseur, naquit à Évreux, vers 1680.
Les trois planches indiquées par Frère à la dernière partie manquent à cet exemplaire.

142. Masson de Saint-Amand : Essais historiques et anecdotiques sur l'ancien comté, les comtes et la ville d'Evreux... — Suite des Essais historiques et anecdotiques sur le comté, les comtes, la ville d'Evreux et pays circonvoisins. — *Evreux, Ancelle,* 1813-1815, 2 vol. in-8, carte, plan et planches, mar. vert à long grain, dos orné, fil. et dent. tr. dor. (*Rel. de l'époque.*)

Armoiries rapportées sur les plats de la reliure.

143. Histoire des pays et comté du Perche et duché d'Alençon où est traité des anciens seigneurs de Bellesme, comtes du Perche...par M. Gilles Bry, sieur de la Clergerie. *Paris, Pierre Lemur,* 1620, in-4, demi-rel. bas ant.

Ouvrage peu commun. — L'auteur, Gilles Bry de la Clergerie, naquit au Tertre (Orne), vers 1560.
Exemplaire de l'historien GOUYE DE LONGUEMARE, né à Dieppe, en 1715, avec sa signature sur le titre. — Petite tache à la p. 180.

144. Ouvrages sur le département du Calvados. — Réunion de 10 ouvrages en 7 vol. in-8 et in-12, dont 5 vol. rel. et 2 br.

Extrait des chartes et autres actes normands ou anglo-normands, qui se trouvent dans les archives du Calvados, par Léchaudé d'Anisy. *Caen,* 1834-35, 2 vol. (*sans l'atlas*). — La Fondation de l'Université de Caen, par le Cte A. de Bourmont. *Caen,* 1883. — Statistique monumentale du Calvados, par M. de Caumont. Tome III. Arrondissement de Vire et de Bayeux. *Caen,* 1857, nombr. pl. et fig. — Nouvelle Histoire de Bayeux, par M. E. F. A. Chignouesnel. *Bayeux,* 1866, plan et pl. lithogr. — Les Aventures provinciales. Le Voyage de Falaize. Nouvelle divertissante, par M. Le Noble. *Paris,* 1707, 2 parties en 1 vol. — Recherches archéologiques sur l'Histoire militaire du château et de la ville de Vire (Calvados), par M. Dubourg d'Isigny. *Caen,* 1837, 3 pl. pliées. — Séance publique de la Société linnéenne de Normandie, tenue à Vire le 24 mai 1836. Discours prononcé par M. Dubourg d'Isigny. *Caen,* 1836, 57 pp. — Mémoire sur la Manufacture des draps de Vire. *Vire,* 1803, 13 pp. — Topographie rurale, économique et médicale de la partie méridionale des départements de la Manche et du Calvados, par le C. Roussel. *Caen,* 1806, 79 pp.

145. Les Origines de la ville de Caen (par Pierre Daniel Huet), revûes, corrigées et augmentées. Seconde édition. *Rouen, Maurry,* 1706, in-8, plan, bas. ant. marb.

Ouvrage recherché et peu commun.

146. Etat des paroisses qui composent l'élection de Vire et de Condé, des noms, surnoms et seigneuries des gentils hommes dénommés dans les rôles aux tailles de l'année présente 1689. — In-fol. de 46 pp. cart.

MANUSCRIT de la fin du XVII⁰ siècle renfermant la liste des nobles de l'élection de Vire, leurs âges, le nombre de leurs enfants, leurs biens, leurs revenus annuels.

147. Armorial de la vicomté de Vire. — In-fol. de 34 ff. cart. dos de toile bleue.

MANUSCRIT du commencement du XVIII⁰ siècle, renfermant *145 blasons* dont 129 PEINTS EN COULEUR et 16 dessinés à la plume, plus 68 laissés en blanc.

148. La Vie de Fr. Elzéar de Vire, clerc capucin, fondateur du couvent des capucins de la ville de Vire, et de la mère Elisabeth de Sainte-Anne son épouse, et depuis religieuse de l'ordre de Citeaux au monastère de Villers Canivet lez Falaise (par Joseph Le Chevalier). *Caen, François Vauvrecy*, 1696, pet. in-8, vélin — R. R. Castel, procureur-syndic du directoire du district de Vire (1790-1791) (par Armand Gasté). *Caen, Le Blanc-Hardel*, 1875, in-12, pap. vergé. br. — Ens. 2 vol.

Le 2⁰ ouvrage n'a été tiré qu'à 100 exemplaires numérotés (n⁰ 49).

149. Histoire du diocèse de Bayeux. Première partie contenant l'histoire des évêques, avec celle des saints, des doyens et des hommes illustres par Mr. Hermant. *Caen, Pierre F. Doublet*, 1705, in-4, bas. ant.

Première partie, seule parue, de cet excellent ouvrage, dont l'auteur, né à Caen en 1650, mourut en 1725.
Légère mouillure.

150. Cartulaire de la seigneurie de Fontenay le Marmion, provenant des archives de Matignon, publiée par Gustave Saige. *Imprimerie de Monaco*, 1895, in-4, pap. vergé, cart. non rog.

151. Ouvrages sur le département de la Manche et le Mont Saint-Michel. — Réunion de 6 vol. et une plaquette in-8 et in-12, demi-rel. cart. et br.

Recherches sur les Abbayes (et les anciens Châteaux) du département de la Manche, par M. de Gerville. S. l. n. d. (Caen, 1821 1830), 5 parties en 1 vol. — Notice historique du Mont St Michel et de Tombelaine, par M. Louis Blondel. *Avranches*, 1816 — Le Mont Saint-Michel au péril de la mer, fragment. *Caen*, 1841, 26 pp. (*Tiré à petit nombre Un des 25 exemplaires sur papier de Hollande*). — Fulgence Girard. Histoire géologique, archéologique et pittoresque du Mont Saint-Michel. *Avranches*, 1843, pl. lithogr. — Avranchin monumental et historique, par Edouard Le Héricher. *Avranches*, 1845-1847, 2 vol. — Histoire de la ville de Carentan et de ses notables, par M. de Pontaumont, 1863, plans lithogr.

152. Description de l'abbaye du Mont Saint-Michel et de ses abords, par Edouard Corroyer. *Paris, Dumoulin*, 1877, in-8, pap. vergé, nombr. fig. et pl. br.

153. Chronique de Robert de Torigni, abbé du Mont Saint-Michel, suivie de divers opuscules historiques de cet auteur et de plusieurs religieux de la même abbaye, le tout publié par Léopold Delisle. *Rouen, Le Brument*, 1872-1873, 2 vol. gr. in-8, pap. vergé, cart. non rog.

154. Registre des pleds de la seigneurie de *Pirou le Bosc* (Manche) et *Le Saussay*. — Pet. in-fol. vélin.

MANUSCRIT du XVII⁰ siècle renfermant les pleds enregistrés de 1653 à 1661.

155. Copie de lettres et memorandum de Léonor-François Couraye du Parc, vicomte de Granville, conseiller du Roi. — In-fol. de 153 ff. vélin.

CURIEUX MANUSCRIT du XVIII⁰ siècle, commencé le 10 novembre 1780 et terminé le 22 avril 1786. On y a joint vingt lettres, factures, états des habitants des îles de Chausey, etc. adressés de 1778 à 1786 au conseiller Couraye du Parc.

156. Abbrégé de la vie des evesques de Coutances, depuis saint Ereptiole, premier apôtre du Cotentin, jusqu'à monseigneur Leonor Gouyon de Matignon, avec un catalogue des archevesques de Rouen et de tous les évêques de Normandie (par l'abbé Rouault). *Coutances, J. Fauvel,* 1742, in-12, demi-rel. mar. r. à long grain, dos orné, tr. marb.

> PREMIÈRE ÉDITION. — L'auteur, Laurent Rouault, né à Coutances, fut curé de Saint-Pair-sur-la-Mer (Manche), où il mourut le 19 septembre 1750.
> Exemplaire incomplet du dernier f. (fin du privilège) ; petite piqûre de ver dans la marge inférieure des ff. prél.

157. Essai historique sur l'Hôtel-Dieu de Coutances, l'hôpital-général et les Augustines hospitalières depuis l'origine jusqu'à la Révolution... par Paul Le Cacheux. *Paris, Picard,* 1895-1899, 2 vol. gr. in-8, br.

158. Histoire du château et des sires de Saint-Sauveur-le-Vicomte, suivie de pièces justificatives, par Léopold Delisle. *Valognes, Martin,* 1867, in-8, demi-rel. chag. brun.

159. Histoire de la ville de Cherbourg et de ses antiquités qui découvre des faits très importants sur l'Histoire de Normandie, par Madame Retau Dufresne. *Paris, Ballard,* 1760. — Dissertation sur la chronologie des rois mérovingiens... avec des éclaircissemens sur le Roy des Ribauds, par M. Gouye de Longuemare. *Paris, Chaubert,* 1748. — Notice des manuscrits de la bibliothèque de l'église métropolitaine de Rouen (par l'abbé Saas). *Rouen,* 1746. — Ens. 3 ouvrages en 1 vol. in-12, demi-rel. v. r. dos orné.

> Les auteurs de ces ouvrages peu communs, Mme Retau Dufresne, Gouye de Longuemare et l'abbé Jean Saas, étaient tous trois Normands.

160. Description et représentation de toutes les victoires tant par eau que par terre, lesquelles Dieu a octroiées aux estats des Provinces Unies du Païs-bas, souz la conduite et gouvernement de son excellence, le prince Maurice de Nassau. *Leyden,* 1612, pet. in-fol. à 2 col. titre-front. portr. pl. et cartes gr. et montées sur onglets, vélin noir à recouvr.

> Ouvrage recherché pour les nombreuses planches en taille-douce dont il est orné.
> Légères mouillures.

161. BIBLIOTHÈQUE DE L'ECOLE DES CHARTES. Revue d'érudition consacrée principalement à l'étude du moyen-âge. *Paris, Dumoulin et Picard,* 1849-1902, 34 vol. in-8, dont 12 br. et 22 en fascicules.

> Années 1849, 1855-56, 1858-59, 1859-60, 1860-61, 1862-63, 1863-64, 1864-65, 1870 à 1873 1881 (*tome 42*) à 1902. (L'année 1902 n'a que les 4 premières livraisons).
> On a ajouté : Table des tomes 31 à 40 (1870-1879). *Paris,* 1888, in-8, br.

162. Mémoires et Documents publiés par la Société de l'Ecole des Chartes. *Paris, Picard,* 1879-1902, 6 vol. gr. in-8, br.

> Cartulaire de l'abbaye de Conques en Rouergue, publié par Gustave Desjardins. — Le Procès de Guichard, évêque de Troyes (1308-1313), par Abel Rigault. — Le Soulèvement des travailleurs d'Angleterre en 1381, par André Réville. — La Grande chancellerie royale (1328-1400), par Octave Morel. — Essai sur le règne d'Alexis Ier Comnène (1081-1118) par Ferdinand Chalandon, pl. — Examen critique des chartes mérovingiennes et carolingiennes de l'abbaye de Corbie, par Léon Levillain.

163. ROMANIA. Recueil trimestriel consacré à l'étude des langues et des littératures romanes, publié par Paul Meyer et Gaston Paris. *Paris, Franck et Bouillon,* 1872 (*origine*) à 1902, 31 vol in-8, dont 28 demi-rel. chag. grenat et 3 en fascicules.

> Collection rare et très recherchée, bien complète de l'origine à l'année 1902 (sauf le n° 79, troisième fasc. du tome XX, qui manque).
> On a ajouté : Romania, table analytique des dix premiers volumes (1872-1881) par Jules Gilliéron. *Paris,* 1885, in-8, demi-rel. chag. grenat.

164. Etudes romanes dédiées à Gaston Paris le 29 décembre 1890 (25ᵉ anniversaire de son doctorat ès-lettres) par ses élèves français et ses élèves étrangers... *Paris, Bouillon,* 1891, gr. in-8, pap. vergé, br.

Exemplaire tiré pour M. *Joseph Conraye du Parc.*

165. Bibliothèque de l'Ecole des hautes études. *Paris, Franck et Bouillon,* 1874-1900, 6 vol. gr. in-8, dont 1 en demi-rel. mar. brun et 5 br.

Traité de la formation des mots composés dans la langue française, par Arsène Darmesteter. — Les Lapidaires français du moyen âge des XIIᵉ, XIIIᵉ et XIVᵉ siècles, réunis, classés et publiés par Léopold Pannier. — Origines et sources du Roman de la Rose, par Ernest Langlois. — Les Fabliaux, études de littérature et d'histoire littéraire du moyen âge, par Joseph Bédier. — Les Lapidaires indiens, par Louis Finot. — Etudes linguistiques sur la Basse-Auvergne. Morphologie du patois de Vinzelles, par Albert Dauzat.

On a ajouté : Annuaire de l'Ecole pratique des hautes études, 1893. Section des sciences historiques et philologiques. *Paris,* 1893, in-8, br.

166. Le Latin mystique. Les poètes de l'antiphonaire et la symbolique au moyen âge, par Remy de Gourmont, préface de J. K. Huysmans, miniature de Filiger. *Paris, Edition « du Mercure de France ».* 1892, gr. in-8, papier teinté, br. couverture illustrée.

Tiré à un petit nombre d'exemplaires numérotés (nᵒ 127).

167. Mélanges sur la littérature française. — Réunion de 4 vol. in-8, dont 2 reliés et 2 br.

Le Livre des légendes, par Le Roux de Lincy. Introduction. *Paris,* 1836. — La Rose dans l'antiquité et au moyen âge. Histoire, légendes et symbolisme, par Charles Joret. *Paris,* 1892. — L'Hôtel de Cluny au moyen âge, par Mᵐᵉ de Saint-Surin. *Paris,* 1835. — Histoire de l'imagerie populaire et des cartes à jouer, à Chartres, par J.-M Garnier. *Chartres,* 1869, fig.

168. Ouvrages sur les Chansons de gestes, les épopées et les poèmes du moyen âge. — Réunion de 5 vol. in-4 et in-8 dont 1 rel. et 4 br.

Gaston Paris, Poèmes et légendes du moyen âge. *Paris, s. d.* — Recherches sur les rapports des chansons de geste et de l'épopée chevaleresque italienne avec les textes inédits, par Ferdinand Costels. *Paris,* 1887. — Trouvères. Chansons de geste. *S. l. n. d.* — Les Origines de la poésie lyrique en France au Moyen Age, par Alfred Jeanroy. *Paris,* 1889. — Le Origini dell' Epopea francese indagate da Pio Rajna. *Firenze,* 1884.

169. Léon Gautier : Les Epopées françaises, étude sur les origines et l'histoire de la littérature nationale. Seconde édition, entièrement refondue. *Paris, Palmé et Weller,* 1878-1892, 4 tomes en 5 vol. — Bibliographie des chansons de geste (Complément des Epopées françaises). *Paris, Weller,* 1897. — Ens. 6 vol. in-8, br. et débr.

170. La Chevalerie, par Léon Gautier. *Paris, Palmé,* 1884, gr. in-8, pl. fig. gr. sur bois, couverture illustrée, débr.

171. Alexandre le Grand dans la littérature française du moyen-âge, par Paul Meyer. *Paris, Vieweg,* 1886, 2 vol. in-12, pap. vergé, fac-simile, demi-rel. mar. r. non rog.

De la *Bibliothèque française du moyen-âge.*

172. Histoire poétique de Charlemagne, par Gaston Paris. *Paris, Franck,* 1865, gr. in-8, br.

Très rare. — Envoi autographe de l'auteur à *Feuillet de Conches.*

173. Bulletins de Sociétés savantes. — Réunion de 35 vol. ou fascicules in-4 et in-8, br.

Mémoires de la Société de l'histoire de Paris et de l'Ile-de-France. Tomes I, XXVI et Epître de Guillaume Fichet sur l'introduction de l'imprimerie à Paris. — Bulletin de la Société des anciens textes français, 8 fascicules. — Bibliothèque de l'Ecole des Chartes. — Bulletin du comité de la langue, de l'histoire et des arts de la France, Tome Iᵉʳ. — Bulletin de l'Institut national genevois. Tome XXIII. — Mémoires de la Société des antiquaires de Normandie. XXXIIᵉ volume. — Etc.

174. Joannis Meursi Athenæ Batavæ, sive de Urbe Leidensi, et Academiâ, virisque claris : qui utramque ingenio suo, atque scriptis, illustrarunt ; libri duo. *Lugduni Batavorum, apud Andream Cloucquiū et Elsevirios,* 1625, in-4, titre-front. fig. 56 portr. et 8 pl. gr. sur cuivre, vélin à recouvr.

> Ouvrage peu commun recherché pour les jolis portraits et les curieuses planches dont il est orné. — (Voir : Willems. *Les Elzevier,* nº 237).
> Une des planches de la p. 58 manque.

175. Biographies. — Réunion de 3 vol. gr. in-8, br.

> Etudes sur Bertrand de Born, sa vie, ses œuvres et son siècle, par R. de Boysson. *Paris,* 1902. — Guillaume d'Auvergne, évêque de Paris (1228-1249), sa vie et ses ouvrages, par Noël Valois. *Paris.* 1880. — La Vie intime de Voltaire. Aux Délices et à Ferney, 1754-1778, par Lucien Perey et Gaston Maugras. *Paris,* 1885.

176. Bibliographie. — Réunion de 7 vol. de divers formats, br. et débr.

> Histoire de l'Imprimerie, par Paul Dupont. *Paris,* 1854, 2 vol. — Geoffroy Tory, peintre et graveur, premier imprimeur royal, par Aug. Bernard. *Paris,* 1857. — Alde Manuce et l'hellénisme à Venise, par Amb. Firmin-Didot. *Paris,* 1875. — A Second Journey round the library of a bibliomaniac, by William Davis. *London,* 1825. — Bibliothèque impériale. Département des imprimés. Catalogue de l'Histoire de France. *Paris,* 1855, 2 vol.

177. Bibliographie bibliographique universelle. Dictionnaire des ouvrages relatifs à l'histoire de la vie publique et privée des personnages célèbres de tous les temps et de toutes les nations... par Edouard-Marie Œttinger. *Paris, Daffis,* 1866, 2 vol. gr. in-8 à 2 col. débr.

178. Dictionnaire de bibliologie catholique, par Gustave Brunet. — Origines et raison de la liturgie catholique, suivies de la liturgie arménienne, par l'abbé Pascal. — *Paris, Migne,* 1859-1860. — Ens. 2 vol. gr. in-8 à 2 col. dont 1 en demi-rel. v. f. et 1 br.

> De l'*Encyclopédie théologique.*

179. Les Manuscrits français de la Bibliothèque du Roi, leur histoire et celle des textes allemands, anglais, hollandais, italiens, espagnols de la même collection, par Paulin Paris. *Paris, Techener,* 1836-1845, 6 vol. in-8, br.

180. Léopold Delisle : Mélanges de paléographie et de bibliographie. *Paris, Champion,* 1880. — Inventaire général et méthodique des manuscrits français de la Bibliothèque nationale. Tome Iᵉʳ, Théologie. *Paris, Champion,* 1876, pap. vergé. — Ens. 2 vol. in-8, br.

181. Le Cabinet des manuscrits de la Bibliothèque impériale. Etude sur la formation de ce dépôt comprenant les éléments d'une histoire de la calligraphie, de la miniature, de la reliure... par Léopold Delisle. *Paris, Imprimerie nationale,* 1868-1874, 2 vol. in-4, cart.

> Tomes I et II.
> De la *Collection de documents sur l'histoire générale de Paris.*

182. Bibliographie des travaux de M. A. de Montaiglon, professeur à l'Ecole des chartes. *Paris,* 1891, in-8, pap. vergé, portr. pl. gr. et fig. br.

> Tiré à 201 exemplaires numérotés dont 16 mis dans le commerce.
> Exemplaire de M. Couraye du Parc (nº 154).